Jan Kuhl & seine Schulkinder

Sooo viel Glück für dich

arsEdition

Wenn man Glück hat kann
einer Bäume ausreisen

die Leute verschenken gerne glücksschweine, weil das sehr besonders glückliche Tiere sind

man kann eine Glücks- oder
eine Pechschräne haben, das
hängt von der Tagesform ab

Wenn welche glücklich sind is denen alles egal

ich wünsch mir dass alle menschen glücklich sint

manche leute haben ganz viel von dem glück.

wenn di mama und der papa sich nicht streiten bin ich glücklich
Nein!
Doch!

der Papa ist immer ganz glücklich wenn er der mama sein Kuschelbärchen sein darf.

glück ist manchma ein bischen unsichtbar

es kibbelt im Bauch

Glückche sind saugud drauf

wenn einer sich ganz doll wünscht
und das dann auch
passiert wird er ein Glückspils

der papa sagt immer ich bin ein Glücksfahl

6 Himmel
7 Himmel
8 Himmel
Ich bin stolz auf dich
wenn mich der Papa
lobt Füle ich mich
manchmal wie
im siebten Himmel

die mamahat glük wenn der papa nicht mergt, dass sie seine Pudding auch noch aufist bis er heim kommt der Papa ist glücklich, dass er die Mama hat, weil die ihm immer was kocht und sehr gut aussieht

schornsteinfeger sind Glückspilse

mein bruda is
ein ecter Glückspils,
auch wenn er meisten
gar nich so ausit

Meine Mama sagt immer dass
ich ein Glückspils wäre, weil
ich nicht auf die
Arbeit muss.

Glückspilze strahlen vor Glück.

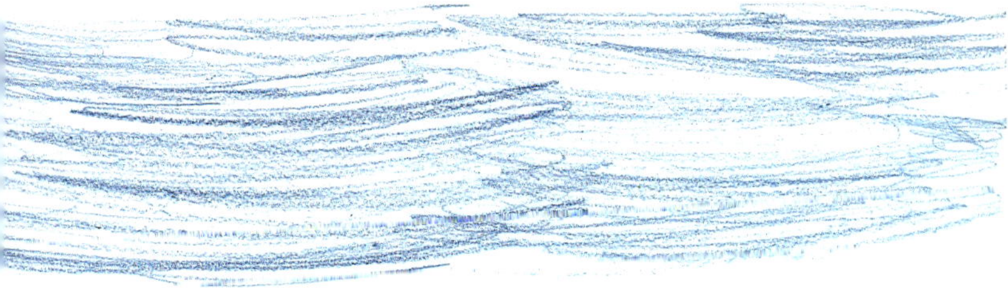

Glückspilz gipts nicht in echt, also das sind keine echten Pilze sondern die werden nur so genant

es ist immer das gleich, wenn der mann was ausgefressen hat versucht er die Frau mit Blumen oder einem Pelzmandel wieder gnädik zu stimmen.

um eine Frau glücklich zu stimmer hilft ein bisschen schmuck oder pafüm

menner brauchen ned viel damit sie glüklich sind

der Papa ist froh, dass die Mama nicht schimbft wenn er dauernd Fußball kucken will.

Wen ich ein Mädchen geküsst habe bin ich fhrölich.

Für Mener Glück bedeutet Fusball, Ferari und Säx

wenn der mann beim ersten rondevu ~~nicht~~ gut riecht

wenn der mann die frau glücklich machen will macht er ihr kolemente und flörtet mit ihr rum

Wenn ein Mann eine Frau rumgriegt ist das für ihn das größte glück

es gipt aber auch welche, die glüklich weil sie sich total toll finden und sich dauernd ab küssen woll

erwaksene sind am
glücklichsten wenn
sie sich abknutschen
dürfen und die kinder
sie nicht davon
aphalten

Jugendliche, die verliebt sind strahlen so richtig vor glück, das ist voll peinlich wenn ein mann und eine frau ins Bett gehen griegen die Glücksgefüle

chinesen sind
glückskekse

welche die kein Glück haben nent man ~~B~~ Pächvögl

die Glücksfee kommt immer Samstags im Fernseher,
aber Leider so spet weil ich da schon schlafen muss.

eigentlich gibt's ganz schön viele sachen die mich glücklich machen, besonders aber meine katzenbebis

für mich ist Glück

wenn ich

trambolin springen darf.

5 x 6
Lerer haben Glück wenn die Schüler ned dumm sind weil die sonst um ihren guten Ruf füchten
Glück ist für mich, wenn es kein Mathe auf der Welt gäbe!

Kein T-Sirt

an Weinachten hat man Glück
wenn man nix zum Anziehen kriegt

Papa sagt die mama kan sich klücklich schözen dass sie den papa bekommen hat

der Papa ist auch froh, weil die Mama die einzige ist die ihn versteht.

mnache männer haben glück wenn sie überhaupt eine abkriegen

Glück ist, wenn man
jemanden hat, der
einem zuhört
bla
bla
bla bla
bla bla

Zum glück gibt's meine Mama.

ich bin glücklich dass mir die Mama so oft Vannillepudding kocht und ich mir in der Stadt immer ein Pixibuch aussuchen darf

ich bin der mama ihr
größter Glückbringer
sagt die mama

glück ist wie wenn man dauernd vom papa durch die Luft gewirbelt wird

Leute die glück haben schreien die ganze Zeit Laut darum, Huhra, Huhra

haurein
wenn man glücklich
ist, gelingt einem alles

Glück ist rot und ein bischen lila und fühlt sich wunderschön an.

glück kann man nicht anfassen aber es fühlt sich ser schön an

Text und Illustration: Jan Kuhl & seine Schulkinder, Dernbachschule, Herborn
Printed by Tien Wah Press
ISBN 978-3-8458-0081-3
www.arsedition.de

FSC www.fsc.org
MIX
Papier aus verantwortungsvollen Quellen
FSC® C012700